AF509785

COUR IMPÉRIALE
de Paris.

1re CHAMBRE.

Présidence de
M. le 1er Président DEVIENNE.

PLAIDOIRIE

DE

M^E DUFAURE

POUR

1° M. le prince et M. le comte de MONTMORENCY-LUXEMBOURG ;

2° Mmes la comtesse de LA CHATRE et la marquise de BIENCOURT ;

3° Mme la duchesse de FERNANDO-LUIS LÉVIS-MIREPOIX, fille du dernier duc de MONTMORENCY-LAVAL ;

4° Mme la marquise de GONTAUT SAINT-BLANCAR ;

M. le comte de BRISSAC ; M. le comte FERNAND DE BRISSAC ; Mlle DE BRISSAC ; Mme la baronne VANDÉ WERN DE SCHILDE ; Mme la comtesse DE ROBIEN ;

M. le duc DE ROHAN ; M. le comte DE CHABOT ; Mme la comtesse DE GONTAUT-BIRON ;

M. le duc DE LUYNES ;

MM. le marquis et le comte DE MORTEMART ; M. le comte Louis DE MORTEMART ; Mmes la duchesse D'AVARAY et la comtesse DE BERNIS ;

M. le comte DE BÉTHUNE-SULLY ; M. le comte Charles DE BÉTHUNE-SULLY ;

M. le vicomte DE LAROCHEFOUCAULD et M. SOSTHÈNE DE LA ROCHE-FOUCAULD, duc de BISACCIA ;

Mme la marquise DE PIMODAN.

PLAIDOIRIE DE Me DUFAURE

A la reprise de l'audience, M⁴ Dufaure prend la parole en ces termes :

Messieurs,

Puisque la Cour veut bien m'entendre, je m'efforcerai de renfermer les observations que j'ai à lui soumettre dans le cercle légitime et nécessaire de ses délibérations.

Notre honorable confrère nous demandait tout à l'heure : Pourquoi ce débat? d'où vient-il? quel grand intérêt pousse les appelants à troubler le repos d'un parent qui ne les a pas attaqués, et à faire effort pour obtenir de la magistrature un empiétement sur les droits du pouvoir exécutif, une véritable usurpation de pouvoirs?

D'où vient ce débat? C'était précisément la question que nous faisions en première instance et à laquelle on n'a jamais répondu. Pourquoi toute une famille a-t-elle été troublée dans la possession légitime du glorieux nom que ses ancêtres lui ont transmis? Pourquoi un jeune usurpateur est-il venu tout-à-coup affecter le cœur du chef de cette famille? Croit-il avoir répondu tout en disant : Ce n'est pas un droit que j'ai réclamé, — c'est une faveur que j'ai obtenue. — C'est une faveur, disait-il et imprimait-il en première instance. Quoi! si l'on avait quelque respect pour le nom de Montmorency, voudrait-on qu'il devînt l'objet d'une faveur et le puéril amusement d'une vanité? Que d'actions d'éclat ne voudrait-on pas avoir faites pour mériter de le conquérir?

Quant à nos clients, font-ils autre chose que d'exercer le droit le plus légitime, je me trompe, que de remplir le devoir le plus impérieux, lorsque, se croyant atteint dans la propriété du nom de leur famille, ils viennent demander l'appui des Tribunaux pour se défendre contre une usurpation qui les blesse?

Voilà pourtant d'où vient ce débat, Messieurs : une faveur demandée un jour par passe-temps et obtenue de l'inattention d'un ministre qui a présenté le décret à la signature du chef de l'État! Je ne veux pas suivre ces réflexions trop loin, je rentrerais peut-être dans ce que ces débats ont eu nécessairement de vif et d'animé; si, de plus, comme mon honorable confrère, je commençais par vous promettre de vous parler sans passion, je tomberais inévitablement dans le piége, et je finirais, comme lui, par me laisser emporter aux expressions les plus aggressives et les plus regrettables. Eh bien! non, je me bornerai à examiner dans la question les points fondamentaux que vous aurez à décider.

On prétend que nous vous proposons une usurpation de pouvoirs; j'espère démontrer en peu de mots à la Cour qu'on lui demande une véritable et triste abdication. On prétend que nous attaquons un titre qui a été donné, et légitimement donné, par une autorité compétente; j'espère démontrer à la Cour que nous respectons le titre autant que la loi nous l'ordonne; mais dans le décret du 14 mai, j'attaque ce qu'il ne devait pas contenir, ce qu'il n'a contenu que par erreur, méprise et malentendu, un nom qu'il a transféré, et non pas la distinction nobiliaire qu'il a concedée.

Quoi! c'est l'usurpation d'un pouvoir qui ne vous appartient pas que nous vous demandons, Messieurs! Comment s'est donc introduit ce débat lorsqu'il a été porté devant le Tribunal? Quelle a été son origine, sa cause? Une personne dans Paris se promenait de porte en porte et déposait, écrite de sa main, la signature de duc de

Montmorency. Que pouvions-nous, que devions-nous faire? Devions-nous le tolérer? Qui n'aurait pu le faire aussi bien que M. Adalbert de Talleyrand-Périgord à l'époque où nous l'avons attaqué? Et alors, devant le Tribunal, il nous a répondu qu'il était autorisé, par un décret, à ajouter, ce qu'il ne faisait même pas, le titre de duc de Montmorency à son nom de Périgord. — Un décret, où était il? — On l'a signifié trois mois après! Plus tard, on l'a inséré d'une manière sommaire dans le *Moniteur* du 25 août 1864, c'est-à-dire quatre ou cinq mois après que nous avions introduit notre instance.

Ainsi les choses ont marché; le Tribunal était certainement compétent à l'origine des débats; aucune matière ne rentre mieux dans ses attributions que la revendication d'un nom usurpé. Le décret survient; mais nous restons convaincus qu'il n'est pas de nature à faire tomber nos réclamations, à enlever aux juges à qui nous nous étions adressés, une compétence que, d'abord, ils avaient certainement pour connaître de notre demande. Voilà comment la question s'est engagée.

Mais est-il vrai que nous demandions aux Tribunaux de mettre le décret en interdit? Pas le moins du monde. On a voulu, autant que possible, faire de cette question une question politique, et on a fini par vous dire, en termes menaçants, que si vous admettiez votre compétence, l'autorité impériale allait se trouver entamée. Vaine considération! Nous ne vous demandons pas de déclarer que ce décret est nul; nous le tenons pour parfaitement valable et inattaquable, et nous l'avons dit dès les premiers mots de l'instance, en ce qu'il confère le titre de duc à M. Adalbert de Périgord. L'Empereur avait certainement ce droit, jamais nous ne l'avons contesté. Mais nous avons vu, à côté du titre de duc, autre chose, un nom glissé par mégarde, un nom ajouté au titre de duc, et ce nom était le nôtre, le nom patronymique de notre famille, et il ne répondait, quoi qu'on en dise, à aucun duché existant; il n'avait aucune base territoriale. Aussi mes clients ont-ils soutenu que ce décret, respectable en tant qu'il faisait un duc de M. Adalbert de Talleyrand-Périgord, ne pouvait empêcher le Tribunal de nous donner satisfaction quant au nom de Montmorency.

Maintenant, Messieurs, et dans ces limites, le Tribunal était-il compétent ou ne l'était-il pas? On a voulu aller, dans la plaidoirie que vous venez d'entendre, aussi loin que le Tribunal dans ses motifs, raisonner sur ce qu'on appelle une hypothèse, hypothèse qui est pour nous une réalité. On vous a dit : même quand le décret conférerait le nom de Montmorency à M. le comte Adalbert de Talleyrand-Périgord, le Tribunal serait incompétent. Il l'est, parce que c'est un décret qui confère ce nom, parce que devant un décret, à moins de violer à la fois le principe sacré et d'ordre public de la séparation des pouvoirs, et encore les règles particulières de la loi de germinal an XI, le Tribunal ne peut se déclarer compétent et examiner la demande qui lui est soumise.

A y regarder de près, ce n'était même pas une question de compétence qu'il y avait là; car si ce qu'on disait était vrai, si le décret avait la force de donner à la fois le titre et le nom, si dans l'hypothèse où je raisonne, le décret avait fait ce qu'il avait le droit de faire, il fallait nous dire que le nom était très-légalement conféré, aller demander aux registres de l'état civil de recevoir la mention du nom nouveau donné à M. Adalbert de Talleyrand-Périgord, et faire déclarer par le Tribunal que notre demande était mal fondée. Mais non, tout en soutenant qu'il n'y avait pas eu attribution de nom, on voulait faire consacrer ce principe que le décret même qui attribuerait le nom sans mélange de titre nobiliaire, une fois rendu, les Tribunaux ne pouvaient pas en connaître, et qu'ainsi la propriété sacrée du nom qui, par cela même qu'elle est une propriété, est de la compétence des Tribunaux, cette propriété sacrée était évidemment et irrévocablement transmise par un simple décret, et que les Tribunaux n'avaient pas même le droit d'examiner si le décret, dans le fond ou dans la forme, était bien rendu. Ces prétentions, quoi qu'on en dise, ne sont conformes ni à notre droit public ni à la

loi de germinal an IX, qu'on a spécialement invoquée. C'est bien
sur ces deux points qu'a porté la discussion que la Cour vient d'entendre, et je ne sors pas du débat actuel du procès ; je réponds à la
fois aux motifs du jugement et à la plaidoirie de l'intimé.

Est-il vrai que ce que nous demandons soit de nature à violer la
règle de la séparation des pouvoirs, consacrée par l'Assemblée constituante? Je vous signale, Messieurs, un spectacle assez étrange
qui nous est souvent offert depuis quelques années. L'Assemblée
constituante avait proclamé le principe de la séparation des pouvoirs
pour sauver l'administration des empiétements de la magistrature.
C'était pour l'administration une arme défensive; elle s'en fait une
arme offensive. Chaque jour, sous ce prétexte, elle réclame des
pouvoirs nouveaux. Jamais il ne fut tant question de l'incompétence
des Tribunaux au profit de l'administration. Sans user de la res-
source des conflits qui lui suffit si bien, elle vous demande chaque
jour des abdications nouvelles, et chaque jour nous voyons croître
cet intolérable abus de la règle de la séparation des pouvoirs adop-
tée par l'Assemblée constituante. On ne s'occupe plus de réprimer
vos empiétements, nous sommes loin de là, mais à saper votre autorité de toutes manières ; et on aime à vous en demander à vous-
mêmes le sacrifice.

Comment! la règle de la séparation des pouvoirs vous empêchera
de juger une demande qui était parfaitement de votre compétence,
vous l'avez vu, dans l'origine? Lorsqu'il viendra un acte du pouvoir exécutif rendu régulièrement ou non, je l'examinerai tout à
l'heure, vous serez immédiatement dessaisis, vous ne pourrez plus
l'examiner; tout examen que vous feriez serait considéré comme
un empiétement du pouvoir judiciaire sur le pouvoir exécutif! Mais
alors où arrivera-t-on à la suite de ce raisonnement? jusqu'où
l'étendra-t-on? Supposez que le décret impérial, au lieu de faire ce
qu'il a fait, ce que nous avons spécialement attaqué, eût été plus
loin, qu'il eût attribué la propriété de Pierre à Paul ; qu'il fût entré
dans quelques-unes des attributions du pouvoir législatif! Mettez à

la place d'un décret un arrêté ministériel ; le principe qu'on soutient est celui-ci : du moment qu'un acte administratif vous est présenté, arrêtez-vous, ne regardez pas, craignez de le toucher ! Du moment qu'il est décret et qu'on vous l'apporte, la magistrature est dessaisie, elle n'a plus rien à regarder. Alors Messieurs, il faudra dire que la magistrature en France sera saisie de ce que le pouvoir exécutif voudra bien lui laisser ; chaque fois qu'il plaira au pouvoir exécutif, sous forme de décret, de régler une affaire qui vous appartient, même la plus essentielle, il n'aura qu'à dire ; vous reculerez devant sa décision, les citoyens vous solliciteront vainement d'apprécier leur droit.

Telles sont les conséquences auxquelles conduisent les idées que l'on a soutenues tout à l'heure, et qui ont été consacrées par le Tribunal de première instance, dans l'hypothèse où le décret aurait été rendu sur un nom, car je ne veux pas oublier, la Cour n'oubliera pas que je raisonne toujours dans l'hypothèse, non pas du décret tel que l'entend mon honorable confrère, mais dans l'hypothèse d'un décret qui attribuerait un nom, avec le sens que nous lui donnons.

On dit que cela empêche la Cour d'en connaître ; en quoi ? Par cela seul qu'un décret est rapporté, la Cour ne devient pas incompétente ; elle a le droit d'examiner s'il a statué sur une matière sur laquelle il lui appartient de statuer.

Ceci nous amène directement à la loi de germinal an XI, à rechercher si, en effet, elle attribue au gouvernement la disposition des noms de chacun de nous, à tel point que si le gouvernement en a disposé, les Tribunaux deviennent incompétents pour connaître de ce qu'il a fait.

A mon avis, il y a une erreur profonde dans tout ce qui a été soutenu à cet égard par mon honorable confrère. Que la Cour me permette de placer sous ses yeux les articles de la loi de germinal an XI sur laquelle nous discutons. La Cour sait que les dispositions de la loi s'appliquent aussi bien aux additions qu'aux changements de noms.

« Art. 4. — Toute personne qui aura quelque raison de changer de nom, en adressera la demande motivée au gouvernement.

« Art. 5. — Le gouvernement prononcera dans la forme prescrite pour les règlements d'administration publique.

« Art. 6. — S'il admet la demande, il autorisera le changement de nom, par un arrêté rendu dans la même forme, mais qui n'aura son exécution qu'après la révolution d'une année, à compter du jour de son insertion au *Bulletin des Lois*. »

La Cour sait qu'un décret du 8 janvier 1859 a ajouté à ces formalités un délai de trois mois après que la demande a été formée et avant l'instruction du Conseil d'État.

Voilà donc toutes les précautions que la loi prescrit lorsqu'une personne veut obtenir un changement ou une addition à son nom : elle doit adresser une demande au gouvernement, attendre trois mois, à dater de l'insertion au *Moniteur* ; puis la demande est renvoyée à l'examen du Conseil d'État et soumise à toutes les oppositions que les parties intéressées peuvent présenter ; le Conseil d'État donne son avis et le souverain prononce. Le décret qui accorde le changement ou l'addition de nom est inséré au *Bulletin des Lois* et pendant un an après l'insertion, toute personne intéressée peut demander la révocation du décret. — On verra par l'article 7 que la révocation doit être demandée au gouvernement lui-même.

Telles sont les dispositions de la loi de germinal an XI, c'est à ces conditions que l'on peut changer de nom. Ces conditions ont-elles été observées dans l'hypothèse où je raisonne, s'il y a eu changement ou addition de nom ? Car je rappelle à la Cour que je raisonne toujours sur ce que mon confrère appelle son hypothèse. C'est ma première question. A-t-on demandé de cette manière le changement ou l'addition de nom ? A-t-on porté la demande au Conseil d'État ? Le Conseil d'État a-t-il pu recevoir, entendre les oppositions des tiers ? A-t-il donné un avis ? A-t-on ensuite inséré le décret au *Bulletin des Lois* ? A-t-on attendu un an ? Rien de tout cela n'a été fait, absolument rien. On s'est adressé au garde des sceaux qui a consulté le Conseil officieux du sceau des titres et le décret a été rendu; mais des formalités de la loi de germinal an XI, il n'en a pas été question.

Devant le Tribunal de première instance, on disait : Mais c'est une question de forme; qu'importe la forme? La signature de l'Empereur est au bas du décret, le contre-seing du ministre s'y trouve également; peu importent les formes de la loi de germinal!—Et c'est avec ce dédain des formalités qu'elle prescrit, qu'on s'écriait tout à l'heure : — Pour nous la loi, son empire, sa puissance, voilà ce que nous demandons. — Eh bien! c'est une singulière manière de respecter la loi que de mettre de côté toutes les formalités qu'elle prescrit, toutes les garanties qu'elle accorde et de prétendre qu'on peut obtenir néanmoins tous les effets d'un décret qui aurait été préparé et rendu dans les formes de la loi de germinal an XI.

Pure forme! dit-on. — Messieurs, il faut que pendant bien des années et dans des délibérations auxquelles quelques-uns d'entre vous ont concouru avec nous, il faut que nous nous soyons singulièrement mépris! Il s'est agi bien souvent dans les différentes lois à la confection desquelles nous avons pu prendre part, de délégations nécessaires au pouvoir exécutif, tantôt pour faire des règlements généraux d'administration publique et tantôt pour statuer sur des cas spéciaux par des ordonnances ou décrets rendus dans la forme des règlements d'administration publique. Quand dans le domaine naturel d'une législation, comme dans les lois de douanes, par exemple, il se rencontre des détails infinis qui doivent être réglés, mais ne peuvent entrer dans les dispositions de la loi même, on les abandonnait au gouvernement pour en faire l'objet d'un règlement d'administration publique.

S'il s'agit non plus d'une matière générale, mais d'une matière plus spéciale et cependant importante, pour laquelle il y a nécessité de donner une délégation au pouvoir exécutif, on demande que cette matière, à raison de son importance, soit réglée par ordonnance ou décret rendus dans la forme des règlements d'administration publique. Que veut-on dire? Que l'ordonnance ou le décret seront rendus après délibération du Conseil d'État, le Conseil d'État entendu. Était-ce une pure question de forme? C'était une question de garantie au plus haut chef. Vous n'avez qu'à lire le rapport de M. Miot sur la loi de germinal an XI, vous verrez qu'il représente la délibération du Conseil d'État comme nécessaire pour les règlements d'administration publique, comme une garantie essentielle dans une matière aussi importante que l'attribution d'un nom nouveau ou que l'addition d'un nom nouveau à un nom ancien.

Messieurs, si c'est une garantie, il fallait nous la garder ; elle devait être conservée; on ne devait pas si aisément sacrifier cette garantie dont la loi faisait une nécessité. Vous savez que toutes les lois qui ont organisé le Conseil d'État ont répété cette disposition, et en même temps ont insisté sur l'importance qu'elle avait. Ainsi, l'article 1er du décret du 25 janvier 1852, rendu pendant que l'Empereur avait le pouvoir dictatorial, et qui est pour ainsi dire une annexe à la Constitution de 1852, est ainsi conçu :

« Le Conseil d'État, sous la direction du Président de la République, rédige les projets de loi. . . . . . . — Il est *nécessairement* appelé à donner son avis sur tous les décrets portant règlement d'administration publique ou *qui doivent être rendus dans la forme de ces règlements.* » Or, rapprochez de ce texte l'article 5 de la loi de germinal an XI; il en résulte que le Conseil d'État était nécessairement appelé à donner son avis sur le changement ou l'addition de nom que M. Adalbert de Talleyrand-Périgord aurait demandé au gouvernement.

Comme le fait très-bien remarquer M. Duvergier par une note sous ce décret de 1852, la disposition que je viens de rappeler n'est que la copie textuelle du § 2 de l'article 12 de la loi du 29 juillet 1845 ; et sur ce paragraphe, M. de Chasseloup-Laubat, alors rapporteur de la Chambre des députés, s'exprimait ainsi : « La loi, en déléguant au pouvoir exécutif une portion de la puissance législative, a voulu entourer l'exercice de cette puissance de certaines formalités que l'on considérait comme des garanties, et on a exigé que le Conseil d'État fût consulté. C'est ce que la Constitution de l'an VIII a fait lorsqu'elle a dit que le Conseil d'État était chargé de rédiger les règlements d'administration publique et les décrets qui devaient être rendus dans la forme de ces règlements. »

Prenez donc, Messieurs, la Constitution de l'an VIII ; arrivez à la loi de 1845, prenez le décret d'organisation du 25 janvier 1852, rapprochez tout cela de l'article 5 de la loi de germinal an XI, et qui ne gardera la conviction que pour les changement et addition de noms, la délibération du Conseil d'État est *nécessaire*, et, pour ainsi dire, constitutionnelle ?

Ce n'est pas moi qui prononce le mot *nécessaire*, c'est la Constitution de l'an VIII, c'est la loi de 1845, c'est le décret d'organisation de 1852. Ainsi, quand le Tribunal me dit et quand mon honorable confrère répète qu'il importe très-peu que le décret ait été rendu dans la forme prescrite par la loi de germinal an XI.....

M⁰ NICOLET. — Je n'ai pas dit cela.

M⁰ DUFAURE. — Mais si, vous l'avez dit tout à l'heure. Vous sortez de votre hypothèse en ce moment, comme vous l'avez fait souvent, de l'hypothèse que le Tribunal a posée lui-même. Si vous le voulez, je relirai cette partie des motifs du jugement à laquelle je réponds en même temps qu'à la première partie de votre plaidoirie ?.....

Ainsi, lorsqu'on dit qu'il importe très-peu de voir la forme du décret, que vous n'avez pas à l'examiner, et que par cela seul qu'il existe, le changement ou l'addition de nom est, pour vous, décidé, on tombe dans une profonde erreur. Et puisque notre adversaire nous rappelait, avec un peu de hauteur, les principes de notre droit public, je lui dirai qu'il les oublie singulièrement lui-même ; il oublie les caractères qui distinguent essentiellement les actes du pouvoir exécutif ; acte du gouvernement pour la promulgation des lois, règlements d'administration publique qui doivent être délibérés par le Conseil d'État ; décrets en forme de règlements d'administration publique, qui doivent être également délibérés en Conseil d'État ; simples décrets rendus avec le seul contre-seing d'un ministre ; arrêtés ministériels, arrêtés préfectoraux ; il oublie tout cela, ce sont des actes éminemment différents ; ce n'est pas seulement une distinction de forme, mais une distinction d'autorité. Si une loi formelle dit que le changement de nom ne peut être décidé que par un décret rendu dans la forme des règlements d'administration publique, cela me suffit ; tout autre acte, simple décret, arrêté ministériel, n'y peut rien ; il serait, en ce point, non avenu. Le décret que vous rapportez est bon, excellent comme conférant un titre, mais comme conférant un nom il ne vaut rien, car ce n'est pas là l'acte que la loi de germinal requiert pour qu'un changement ou une addition puisse avoir lieu.

Suffit-il que le décret existe pour que le Tribunal le prenne comme autorité, lorsqu'il est dépouillé de toutes ses formes ? Oui, dit-on, car la loi de germinal, dans son article 7, autorise toute personne, y ayant droit, à présenter requête au gouvernement pour obtenir la révocation de l'arrêté ; — oui, de l'arrêté rendu dans les formes prescrites par les articles précédents, dans les délais de l'article 6, mais attaquer dans la forme de la loi de germinal un décret étranger à cette loi, ce n'est pas admissible. Permettez-moi de donner un exemple, et les décisions de la justice m'en fournissent en grand nombre, mais j'en ai un entre les mains que je demande à la Cour la permission de lui faire connaître. C'est un arrêt de la Cour de cassation dont voici l'espèce.

En floréal an X, il a été rendu des lois relatives aux taxes à percevoir pour la navigation, les routes et les ponts, et il a été décidé par la loi, par une de ces délégations dont parlait tout à l'heure le rapporteur de la loi de 1845, que les arrêtés (c'étaient des arrêtés à cette époque) qui seraient rendus pour déterminer les taxes à percevoir seraient dans la forme des règlements d'administration publique. Voici ce qui s'est présenté devant la Cour de cassation : à l'expiration de la concession du droit de péage d'un pont de bateaux situé sur le Rhône dans la commune d'Arles, une ordonnance royale du 14 décembre 1834 abrogea le tarif annexé à l'acte de concession et y substitua un nouveau tarif en vertu de la faculté accordée au gouvernement par l'article 11 de la loi du 14 floréal an X de fixer le tarif de la taxe à percevoir sur les ponts. Cette ordonnance fut rendue sur le rapport du ministre des finances. Le sieur Marcellin refusa de s'y soumettre et de payer le droit de péage, *par le motif que, pour être légale et obligatoire,* elle aurait dû être rendu, aux termes de la loi précitée, dans la forme des règlements d'administration publiques, c'est-à-dire en Conseil d'État. Néanmoins, Marcellin est poursuivi devant le Tribunal d'Arles, et condamné. Sur son pourvoi, la Cour de cassation, présidée par M. le président Barris, et au rapport de M. Romiguières, cassa le jugement. Voici ses motifs :

« Attendu qu'il résulte du procès-verbal, etc. ;

« Mais attendu, en droit et en premier lieu, qu'il faut, pour l'ap-
« plication de l'art. 471, § 15, Code pénal, que les règlements éma-
« nés de l'autorité administrative soient légalement faits, et que les
« Tribunaux n'excèdent point les limites de leur compétence, lors-
« que, sans annuler des actes administratifs, ils refusent d'appli-
« quer, à titre de sanction pénale, les dispositions dudit § 15 de
« l'article 471, aux contraventions envers les actes de cette nature
« lorsqu'ils ne sont pas légalement faits, et qu'on ne peut pas dire
« qu'une ordonnance royale qui avait dû être rendue dans la forme
« d'un règlement d'administration publique, telle que cette forme
« a été réglée par l'article 52 de l'acte constitutionnel du 22 fri-
« maire an VIII, c'est-à-dire le Conseil d'État entendu, soit obliga-
« toire si elle est rendue dans toute autre forme, par exemple sur
« le seul rapport d'un ministre à département ; que cela est vrai
« surtout lorsqu'il s'agit d'un impôt, etc..... ; que cette ordonnance
« portant ainsi fixation d'un nouveau tarif n'a été rendue que sur
« le rapport du ministre des finances, sans que le Conseil d'État ait
« été entendu ; qu'elle n'est donc pas revêtue des formes voulues
« par la loi ; d'où la conséquence que le demandeur a pu se refuser

« à son exécution, et qu'en l'y contraignant, le jugement attaqué a
« faussement appliqué l'article 471, § 15, à un fait qui ne consti-
« tuait aucune contravention. » Cassation (arrêt du 14 juin 1844.
— Dalloz, Répertoire, v° *Règlements administratifs*, pages 6 et 7).

Vous voyez, Messieurs, les principes consacrés par la Cour de
cassation ; rien ne serait plus déplorable que d'en voir contester et
affaiblir l'autorité par vos décisions.

Mais, Messieurs, à quoi servirait donc les lois? Mon honorable
confrère invoque contre nous leur autorité ; voici une loi, c'est celle
de germinal an XI : elle décide que si vous voulez obtenir un changement ou une addition de nom, ils ne vous seront accordés qu'avec
des formalités qui ne sont pas vaines, illusoires, que le législateur
considère comme des garanties; et vous croyez pouvoir obtenir, en
dédaignant toutes ces formalités sans vous y assujettir, le changement de nom qu'elles devaient précéder, et nous enlever ainsi tous
les droits d'opposition, de contestation qui nous étaient assurés!
Non, Messieurs, cela est absolument impossible, et ce qui m'étonne
encore, c'est que le Tribunal de première instance, par un motif qui
a été répété dans la plaidoirie, ait été jusqu'à dire que non-seule-
ment il ne pouvait examiner au fond si le décret avait prononcé sur
une matière de sa compétence , mais encore que, pour toutes les
questions de forme, le Tribunal n'avait pas le droit de s'en enquérir,
et qu'il devait aveuglément, abdiquant son pouvoir judiciaire, recevoir le décret, de quelque forme qu'il fût revêtu, et s'abstenir! Citez
donc un autre exemple d'un de nos grands corps judiciaires qui ait
donné un tel exemple d'humilité!

Avant hier, mon éminent confrère M⁰ Berryer posait une hypothèse, lui aussi. Supposez, disait-il, une expropriation pour cause
d'utilité publique; les formalités qui doivent la précéder n'ont pas
été remplies; croyez-vous que le Tribunal soit obligé de prononcer
l'expropriation? Cette hypothèse a été une réalité: il y a très-peu
de temps, la Cour de cassation a été appelée à se prononcer sur cette
question, et la Cour me permettra encore de lire cet arrêt, qui est

une réponse directe à tout ce que vous venez d'entendre dire. — Il est rapporté par Dalloz, volume de 1864, partie Ire, page 446.

« Attendu que la loi spéciale sur l'expropriation pour cause d'utilité publique a prévu et prescrit différentes formalités, les unes attribuées à l'autorité administrative, les autres à l'autorité judiciaire ; que l'administration est chargée des actes concernant la déclaration d'utilité publique, la désignation des propriétés atteintes et, au cas prévu par le titre VII de la loi, la déclaration d'urgence pour la prise de possession des propriétés non bâties ; que les Tribunaux, qui prononcent l'expropriation, sont chargés de vérifier l'accomplissement préalable de toutes les formalités prescrites pour la garantie des propriétés privées ; qu'en cela ils ne violent pas la règle de la séparation des pouvoirs administratif et judiciaire ; que lors de l'expropriation qu'ils prononcent, aux termes de l'article 20, ils doivent constater que les formalités administratives qui précèdent l'expropriation ont été remplies ; que, pour l'application de l'art. 50 aux bâtiments dont l'acquisition entière est requise par les expropriés, c'est aux Tribunaux qu'il appartient de décider si la réquisition a pour objet des bâtiments et doit être admise ; qu'il en doit être de même dans les cas prévus par les articles 65 et suivants ; que l'autorité judiciaire, appelée à prononcer la mise en possession des terrains expropriés non bâtis, a le droit et le devoir de statuer sur les questions préjudicielles soulevées à l'occasion de cet envoi en possession, notamment de rechercher si la propriété à laquelle le décret d'urgence s'applique est ou non un terrain bâti ; que cette question est de la compétence exclusive des Tribunaux, juges de tout ce qui est une garantie des propriétés privées, en matière d'expropriation ; — d'où il suit que le Tribunal de Versailles, en refusant d'examiner la question préjudicielle soulevée par Oudard, sous le prétexte qu'elle avait été résolue définitivement par le décret déclarant l'urgence, a méconnu les règles de sa compétence, commis un excès de pouvoirs, violé les articles 65 et 70 de la loi du 3 mai 1861, et faussement appliqué le décret du 14 juin 1864. »

Ainsi, vous le voyez, par deux fois la Cour de cassation a été moins timide, ou plutôt, je me trompe, moins hardie que notre honorable confrère. Elle ne croit pas que le Tribunal empiète sur le pouvoir administratif et exécutif par cela seul qu'il examine dans quelle forme les décrets présentés ont été rendus, surtout lorsque ces formes sont des garanties données aux citoyens. Et quand je dis garanties, ne dis-je pas tout? Est-ce que toutes nos formes judiciaires ne sont pas des garanties? Nos formes judiciaires, comme les formes administratives, est-ce que vous souffririez qu'on les négligeât, et devez-vous plus le souffrir lorsqu'il s'agit d'une matière aussi importante qui n'a été abandonnée à la décision du gouvernement que sous certaines conditions?

On a dit tout à l'heure que la loi de germinal avait été rendue à une époque révolutionnaire; c'est le mot employé par mon honorable confrère : il a oublié que cette loi a été rendue sous le Consulat à vie, à la veille de l'Empire, et il n'a qu'à lire le rapport de M. Miot et le discours du tribun Challan pour se convaincre que ce ne sont pas des principes révolutionnaires qui en ont dicté les dispositions. On y est au contraire fort préoccupé des droits du gouvernement, mais on accorde aux citoyens quelques garanties; on fait une bonne part au pouvoir exécutif, mais on lui reconnaît quelque limite. En un mot, on n'a pas constitué le pouvoir absolu dans toute sa pureté. Est-ce pour cela qu'il faudra appeler la loi de germinal une loi révolutionnaire?

La Cour voit sur quel point je viens de m'expliquer. Je repousse absolument, et je la repousse comme excessive et dangereuse, la doctrine écrite dans le jugement du Tribunal, que même s'il s'agissait réellement et effectivement de l'attribution d'un nom, le Tribunal serait incompétent et ne pourrait pas en connaître. Maintenant, reste la seconde question qui a été amplement et éloquemment traitée par mon honorable confrère Me Berryer, et sur laquelle la Cour me permettra cependant de dire quelques mots. Cette question est celle-ci: N'y a-t-il dans le décret que l'attribution nobiliaire, nous n'avons

absolument rien à dire, nous ne le critiquons pas, nous ne recher-
chons pas les motifs qui l'ont dicté, cela ne nous regarde en aucune
manière. Le comte Adalbert de Talleyrand-Périgord devient duc, le
décret l'a dit, cela nous suffit ; mais n'y a-t-il que le titre de duc
qui soit conféré à M. Adalbert de Talleyrand-Périgord ? Voyons.

A peu près à la même époque, ou dans des temps rapprochés, deux
décrets ont été rendus, l'un est ainsi conçu : « Nous, Napoléon, etc.,
« conférons le titre de duc à M. de Persigny pour en jouir, etc., »
L'autre dit : « Nous, Napoléon, etc., conférons à M. Adalbert de
Talleyrand-Périgord, *le titre de duc de Montmorency*. » Ces deux décrets ne diffèrent-t-ils pas en quelque chose ? Dans le premier l'Empereur, usant du droit qui lui appartient incontestablement, confère
le titre de duc à M. de Persigny ; dans le second l'Empereur, usant
de son pouvoir, confère le titre de duc à M. Adalbert de Talleyrand-
Périgord, mais il ajoute : *de duc de Montmorency*. Pourquoi duc de
Montmorency ? Si c'était son nom, il ne l'aurait même pas ajouté, ce
n'était pas nécessaire ; l'impétrant aurait mis son nom à la suite de
son titre de duc. Mais ce n'est pas son nom : qu'est-ce donc ? C'est
le nom d'une famille existante, nombreuse, honorable, de laquelle il
fait partie par les femmes, lui, fils cadet de la sœur cadette de M. le
duc Raoul de Montmorency. Pourquoi prendre le nom de cette famille qui est là, vivante, qui existe encore sous ce nom, puisque j'ai l'honneur de plaider pour le prince et le comte de Montmorency ? On répond que nos clients sont prince et comte de
Montmorency-Luxembourg ; — mais on sait bien que le titre de
Luxembourg est un surnom pris pour distinguer cette branche
de la maison de Montmorency, et que ce n'est pas un nom patronymique. Ils sont Luxembourg comme les autres étaient de
Fosseux, de Beaumont, de Châtillon ; c'est un surnom. Le nom de
famille, dans toutes les branches, pour les aînés comme pour les ca-
dets, pour les filles comme pour les mâles, c'est le nom de Montmo-

rency. Devant le Tribunal de première instance, nous l'avons établi
avec une telle évidence qu'on ne l'a pas même contesté.

Eh bien ! ce nom que nous portons, dont nous sommes revêtus
depuis plus d'un demi siècle, on le prend pour faire un titre ducal au
comte Adalbert de Talleyrand–Périgord. Mais ce n'est pas là déférer
simplement un titre ; au titre de duc s'ajoute une dénomination, et
cette dénomination est un nom patronymique des appelants. On a
bien ajouté aussi une dénomination au titre ducal des maréchaux
Bugeaud, Pélissier, Mac–Mahon, mais les mots d'Isly, de Malakoff,
de Magenta étaient des souvenirs de gloire, et ce n'étaient pas des
noms de famille existants. Mais prendre le nom d'une famille qui est
connue, qui vit à côté de vous, de laquelle vous êtes parent, au milieu
de laquelle vous avez vécu, à laquelle vous devez le respect, aller
prendre ce nom et demander qu'on en fasse un titre ducal pour vous
le donner, dites-moi quelle est la loi qui le permet ?

On dit, Messieurs : Non, ce n'est pas un nom de famille qu'on
nous a donné, c'est un titre, mais *un titre indivisible*. C'est une heu-
reuse expression que mon honorable confrère a trouvée là. Lorsque
la loi a parlé de titres, soit pour les abolir, comme en 1790, ou pour
les restaurer, comme dans le décret du 1ᵉʳ mars 1808, elle a dit :
« les titres de duc, de comte, de marquis, etc., seront abolis, » ou
« l'Empereur pourra conférer les titres de duc, comte, baron, etc., »
mais nulle part nous ne voyons de ces titres indivisibles qu'on vient
d'inventer pour expliquer le décret du 14 mai, et qui compren-
draient à la fois le titre de duc que l'Empereur confère discrétion-
nairement et un nom nouveau qu'il peut conférer dans les formes de
la loi de germinal et sauf les droits des tiers. Car, que M. Adalbert
de Talleyrand–Périgord ne parle pas de son droit au nom de Montmorency, il sait bien qu'il n'en a aucun, absolument aucun. Sa mère
était une demoiselle de Montmorency, mais les principes de tous
temps ont été qu'on reçoit son nom de son père et non pas de sa
mère. Du reste, il l'a dit lui-même avec une naïveté admirable : Je
ne réclamais aucun droit, mais je sollicitais une faveur de l'autorité

souveraine. Comment donc justifier l'addition de notre nom à son titre de duc ? Oh ! alors, c'est une étude historique, étude brillante, qui excite naturellement l'éloquence de mon honorable contradicteur, un cours d'histoire afin de trouver dans le passé quelque trace d'un nom de Montmorency inséparable du titre de duc ou d'un titre de duc inséparable du nom de Montmorency, et mon honorable confrère, pour mieux le faire comprendre, pour donner plus de réalité à son système, demande à la Cour de le suivre, de se transporter avec lui en 1632 au lieu de 1865 pour l'assurer que le décret du 14 mai est parfaitement régulier ; avec ce léger déplacement, cela serait possible, et encore il aurait fallu bien d'autres choses pour qu'en 1632 on accordât ce décret ! Mais permettez-moi de montrer combien tout cela va peu à la justification du système qu'on soutient et à la prétendue distinction que l'on propose.

Le nom de Montmorency appartenait à un duché et il appartenait à une famille. Tous les exemples que l'on a cités, pris ou dans la maison de Montmorency ou dans toute autre, viennent d'une époque où, en effet, les terres avaient une qualité. Une propriété avait un nom et attribuait ce nom à celui qui la possédait avec l'agrément du roi, bien entendu. Prenez dans l'histoire tous les ducs de Montmorency, il n'y en a pas un qui ne porte ce nom de famille ou qui ne soit maître de ce duché.

Le père du grand Condé devient duc de Montmorency au moment où on lui donne le duché de ce nom.

Rien n'est plus significatif que les combinaisons par lesquelles, en 1689, on a pu donner au fils du grand maréchal de Luxembourg le titre de duc de Montmorency ? Il fallut ces trois choses : qu'il achetât le duché de Beaufort, que le grand Condé, duc de Montmorency, demandât au roi et obtînt que le duché de Montmorency perdît son nom et devînt duché d'Enghien, et en troisième lieu, que le duché de Beaufort prît le nom de duché de Montmorency. De ce moment, le duc de Beaufort est devenu duc de Montmorency. Mais cherchez un exemple dans lequel le roi ait déféré le nom sans attribuer en même temps la terre qui donnait le droit de le porter, vous n'en trouverez pas.

Je me trompe, on en a trouvé un et on l'a fait sonner bien haut devant le Tribunal, et on s'en prévaut encore devant la Cour. Le nom de Créquy a été légué à Antoine de Blanchefort ; Charles IX a approuvé la transmission, et à défendu à la famille de Créquy de la contester. Soit ; mais l'exemple est unique, et l'on peut voir dans un acte violent de Charles IX une règle de notre ancien droit public et un bon exemple à suivre !

Et au-dessus de ce fait isolé domine la règle constante que le titre est suivi du nom de la famille ou de celui de la seigneurie.

Nous ne disons pas, remarquez-le, que le duché faisait le duc, que par cela seul que l'on possédait le duché on devenait duc ; non, mais que par lettres-patentes du roi on pouvait le devenir.

On a donc été duc de Montmorency, par nom de famille ou par nom de seigneurie ; mais cela est arrivé sous l'empire d'autres principes, dans d'autres conditions sociales que celles où nous vivons. La Cour doit se demander s'il y a nécessité d'appliquer aujourd'hui les doctrines de cette époque, et si elle croit pouvoir, pour rendre son arrêt, laisser l'année 1865, suivre notre honorable contradicteur dans son vol rapide, aller jusqu'en 1632, s'installer sur les siéges du Parlement de Paris, et prononcer la sentence qu'il sollicite d'elle en ce moment.

Pour l'affaire de Rohan-Chabot qui a été citée, je demande la permission d'en dire un mot. Le meilleur récit que nous en ayons, ce n'est pas dans nos arrêtistes qu'il faut le chercher, c'est dans les Mémoires de Saint-Simon, car mon honorable confrère s'est trompé : ce n'est pas le Parlement de Paris qui a jugé, le roi a évoqué l'affaire devant lui ; il a réuni un conseil formé de plusieurs conseillers d'État et directeurs des finances, du chancelier, de M. d'Aguesseau, du duc de Bouillon, du duc de Bourgogne.

Quelle question fut débattue devant ce conseil ? M. de Guéménée se plaignait de ce que M. de Chabot, ayant reçu par son contrat de mariage le duché de Rohan, avait pris le nom de Rohan-Chabot: il y avait de cela cinquante-huit ans.

Saint-Simon raconte avec sa verve charmante l'origine de la contestation, les intrigues qu'elle fit naître, la part considérable qu'y prit Mme de Soubise. Peut-être aurons-nous un jour quelque spirituel chroniqueur qui nous racontera ainsi l'origine des prétentions de M. de Talleyrand-Périgord, et comment il a pu se décider à demander le titre de duc de Montmorency. (*Sourires.*) Mais, enfin, Saint-Simon rend un compte détaillé de la délibération qui a eu lieu en présence du roi. Le roi était prévenu contre Rohan-Chabot et en faveur de Mme de Soubise, mais il fut frappé d'abord de l'opinion de M. d'Aguesseau, et de toutes les raisons qu'il fit valoir pour le duc de Rohan-Chabot; M. d'Aguesseau s'était particulièrement prévalu de la force que le roi avait donnée au contrat de mariage en le signant. Le duc de Bourgogne qui parla le dernier et avec le plus d'autorité, adopta toutes les opinions de d'Aguesseau, celle-là exceptée. Il déclara qu'il ne croyait pas que l'autorité des rois pût s'étendre jusque sur les lois des familles. Mais enfin la plus grande partie des opinions se prononça pour maintenir un nom qui était joint au duché et possédé depuis cinquante-huit ans sans la moindre contradiction. Le roi trompa les espérances de Mme de Soubise, et adopta le sentiment du duc de Bourgogne et de d'Aguesseau.

Mais vous le voyez toujours, quand il y a à la fois Rohan et duc de Rohan c'est qu'il y a un duché de Rohan. Il en a toujours été ainsi dans l'ancienne monarchie.

En est-il, en peut-il être encore ainsi aujourd'hui? En 1789 les titres ont été abolis; en 1790 les seigneuries disparaissent, le système féodal est supprimé tout entier. Après cette première législation, il est évident qu'il n'y a plus de ducs ni de duchés. L'Empereur, par son décret de 1808, rétablit les titres de duc, de comte, de baron, etc., il les confère et même il détermine des fonctions publiques qui en emportent l'attribution. Pour les grands guerriers qui l'avaient accompagné dans ses expéditions, il fait plus; en même temps qu'il leur accorde les titres, il leur donne à l'étranger des dotations qui paraissent constituer pendant quelque temps des propriétés féodales, mais à l'étranger ; en France, jamais l'empereur n'y a songé et cela eût été directement contraire à la politique qu'il voulait suivre et aux sentiments qu'il voulait entretenir. Il autorisa néanmoins les majorats, et y attacha l'hérédité des titres. Les majorats ont complétement disparu, mais on a admis encore la Cour dite des titres.

Quant à MM. de Montmorency, que se passa-t-il ? Après la Charte de 1814 le roi Louis XVIII accueillit le grand-père maternel de M. Adalbert de Périgord, l'institua pair de France et ensuite rendit à la date du 2 août 1817, une ordonannce dont l'art. 1ᵉʳ est ainsi conçu : « Les lettres-patentes qui seront expédiées en vertu de nos « ordonnances aux pairs de France dont les noms suivent, porteront « institution du titre de duc. »

Ainsi voilà l'institution d'un titre de duc, et parmi les ducs qui figurent dans cette liste se trouve, avec plusieurs autres, le duc de Montmorency, le père du duc Raoul mort en 1862.

Qu'est-ce que c'est que ce titre de duc donné à M. de Montmorency et transmis ensuite au duc Raoul, en vertu des lettres-patentes, et en vertu de la Charte qui permettait à l'ancienne noblesse de reprendre ses titres ? C'est une distinction honorifique, un titre tout personnel joint au nom patronymique.

Je parlais tout à l'heure de la loi de 1858, vous n'avez qu'à lire le rapport auquel elle a donné lieu et la discussion au Corps Législatif, vous verrez qu'on a tellement craint de laisser percer l'idée de féodalité dans cette noblesse dont on voulait garantir les titres qu'on a supprimé le mot *noblesse* pour y substituer le mot *distinction*; on a bien voulu marquer que la législation actuelle ne reconnaissait que des distinctions honorifiques.

Des distinctions, honorifiques, voilà ce que la Charte de 1814 a permis, voilà ce que la Charte de 1830 a consacré et permis de continuer, — voilà ce qui peut être continué encore sous le régime actuel₃: des titres, mais comme distinction honorifique, rien de plus.

Mais que veut-on dire? Qu'il y avait un titre complexe, indivisible de duc de Montmorency qui reposait sur la tête du duc Raoul mort en 1862 ; qu'après sa mort il a fait retour à la couronne et qu'alors le chef de l'État a pu en disposer au profit de qui il voulait, même le donner à un étranger malgré les droits de la famille? Non, je repousse absolument cette prétention, cela me paraît contraire à toutes les idées de nos sociétés modernes : il n'y a plus de titres de duc faisant retour à la couronne. Le maréchal Pélissier duc de Malakoff est mort, son titre a disparu avec lui ; et si le nom de Malakoff avait eu le temps de devenir le nom patronymique de ses descendants, il ne faudrait pas le leur disputer.

Aucun décret de l'Empereur ne parle d'un retour à la couronne, d'une réunion entre les mains de l'Empereur de titres de duc ; non, cela n'existe pas ; jamais le duc Raoul de Montmorency n'a imaginé qu'il avait dans ce titre de duc un dépôt sacré qui, à sa mort, allait retourner aux mains du gouvernement pour être octroyé à qui l'on voudrait. C'est un titre qui est éteint, un honneur qui était venu décorer un homme de bien, qui n'a plus où reposer du moment où cet homme de bien a disparu, et qui n'est plus écrit que sur un tombeau. Quand l'Empereur veut conférer un titre il n'a pas besoin d'aller les prendre dans un approvisionnement tenu en réserve de vieux titres de duc ! (*Rires*). Il est maitre de créer les titres ; il les crée, les met au jour et n'a pas besoin de les tirer du passé pour les faire revivre.

Vous parlez de réunion à la couronne, cela se comprenait autrefois. Oui, à la mort de Henri de Montmorency en 1632, il y a eu réunion du duché et du titre de duc à la couronne. Mais à présent imaginer un titre de duc qui subsiste, réel, vivant, quoique celui qui le portait ne soit plus là, et que l'Empereur peut ressaisir de sa main puissante pour en parer qui il veut, c'est un rêve qui n'est plus de notre temps, contraire à notre législation, à l'esprit de notre droit. Nous avons écrit dans notre consultation que cela n'était pas

arrivé depuis la révolution; sous l'ancienne monarchie on a eu le
bonheur de trouver un exemple ; Charles IX et Antoine de Blanchefort ; mais depuis il n'est pas arrivé une seule fois qu'on ait donné
un titre avec le nom d'une famille qui s'y opposait.

Le titre de duc de Richelieu a été donné à M. de Jumilhac ; mais
il a été donné avec l'assentiment, sur la prière, prière testamentaire
même, je crois, du noble duc de Richelieu, et sans que personne s'y
opposât ; le nom de duc de Sabran a été donné à M. de Pontevès,
mais après une adoption, l'ordonnance le constate. Enfin, dans d'autres familles, il est possible que des titres aient été donnés avec des
noms, mais c'est qu'il ne s'est trouvé personne pour y mettre obs-
tacle.

Je sais bien que les droits du souverain ne dépendent pas de l'assentiment des parties intéressées ; je dis seulement que la question
de droit n'est pas tranchée lorsque personne ne la soulève.

Vous examinerez de près, Messieurs, tous les exemples qui ont
été cités dans notre débat ; ils sont examinés dans les mémoires impri-
més qui vous ont été remis ; nous les avons discutés devant les premiers juges, et depuis ce jour nous n'avons pas fait de très-grands
progrès en histoire. Vous verrez surtout les exemples de MM. Ter-
ray, et de Lally-Tollendal et pour parler de ce dernier exemple dont
on a moins parlé que du précédent, le roi avait conféré à M. d'Aux,
gendre de M. Lally-Tollendal, la pairie et le nom de Lally ; les hé-
ritiers adressent leurs réclamations au pouvoir exécutif, se plaignant
qu'on ait déféré à la fois la pairie et le nom. On rejette leur demande
quant à la pairie et quant au nom on rapporte l'ordonnance qui
avait attribué à M. le marquis d'Aux, le beau nom de Lally. Vous
voyez, dit-on, la question est décidée. Comment décidée ! Il est re-
connu, dit-on, que l'acte était de la compétence du pouvoir exécutif
et non des Tribunaux, puisque le pouvoir exécutif rapporte l'ordonnance de transmission. — La vérité, c'est que les parties avaient dû
se pourvoir devant le pouvoir exécutif, parce qu'il se trouvait mêlé

à la question de nom, la question de pairie, et parce qu'elles récla
maient à la fois contre la pairie et contre le nom.

L'ordonnance étant irrégulière relativement au nom, comme
n'ayant pas été précédée des formalités prescrites par la loi de germinal an XI, est rapportée. C'était bien le droit du pouvoir exécutif
de rapporter une ordonnance irrégulièrement rendue. En résulte-t-il
que les Tribunaux auraient dû lui obéir ?

Quant aux armoiries, vous avez vu tout à l'heure, dans le colloque
qui s'est élevé entre mes honorables confrères, où est la question.
M. Adalbert de Périgord, du moment où il a eu le décret, a fait faire
des armes nouvelles ; cela montre assez qu'il croyait avoir quelque
droit par son décret du 14 mai, et qu'il ne se contentait pas du droit
qu'il prétend tirer de madame sa mère. Il étale ses nouvelles armoiries aux vitrines des graveurs de Paris, et c'est là que nous avons
pris la copie que nous avons entre les mains. Il a mis en abîme,
selon l'expression héraldique, les armes de la famille de Périgord, pour faire mieux paraître les seize alérions de la famille de
Montmorency, et en faire ses armes pleines.

Mais il dit : Je suis duc, que voulez-vous que je devienne ? Sur
quelles armes reposera ma couronne ducale ? — Sur quelles armes
repose donc la couronne de duc de M. de Valençay votre père,
et celle des membres de la famille de Talleyrand-Périgord ? Vous
avez un assez beau nom, un nom assez ancien, des souvenirs, des
armes assez illustres pour ne pas prendre celles qui ne vous appar-
tiennent pas. Et comme le Tribunal de première instance s'est dé-
claré incompétent en prétendant qu'il s'agissait d'interpréter, et qu'il
n'osait pas interpréter le décret, le Tribunal a donné une seconde
preuve de la réserve excessive avec laquelle il a envisagé le décret,
ne voulant pas même chercher si le décret avait, par son silence,
autorisé M. de Talleyrand-Périgord à s'attribuer le blason des Montmorency.

Je n'en dirai pas davantage. Je pourrais répondre aux quelques
réflexions par lesquelles mon honorable confrère a terminé sa plai-

doirie; je me bornerai à lui dire que si M. Adalbert de Périgord, indépendamment du nom et des armes du duc Raoul de Montmorency, avait quelque souci de prendre les sentiments dont il était animé pour les deux nobles parents que je défends devant vous, il devrait amèrement regretter les paroles que nous venons d'entendre, et, en les désavouant, se montrerait digne de l'homme de bien dont il a si vivement recherché le nom et les honneurs.

A. GUYOT ET SCRIBE, imprimeurs de l'Ordre des Avocats au Conseil d'État et à la Cour de Cassation, rue Neuve-des-Mathurins, n° 18.

www.ingramcontent.com/pod-product-compliance
Lightning Source LLC
LaVergne TN
LVHW012114170726
843501LV00008BC/2871